SILVANA PERINI

Parliamo l'italiano

TESTO PER I CORSI
DI LINGUA E CULTURA ITALIANA
ALL'ESTERO

2

ISBN 88-0900-213-X

GIUNTI MARZOCCO

Illustrazioni di PETER PELLEGRINI

CINQUE COPIE DEL PRESENTE VOLUME SONO
STATE INVIATE SIA AL MINISTERO DELLA P.I. SIA AL M.A.E.

© 1981 by GIUNTI MARZOCCO, Firenze

Stampato in Firenze, nello Stabilimento Grafico Aurora, 1985

Agli insegnanti che, lontani dal loro ambiente culturale ed in condizioni a volte assai difficili, operano nei Paesi di emigrazione, ovunque un gruppetto di bambini attenda ad imparare ed esercitare la lingua italiana, dedico questo strumento di lavoro, augurando che alla loro consapevole, sofferta azione di assistenza scolastica, corrisponda il migliore esito educativo.

Silvana Perini

INDICE

MI CHIAMO...

— Ciao
— Ciao.
— Come ti chiami?
— Mi chiamo Gianni. E tu?
— Mi chiamo Anna.

Come ti chiami?

....

Come si chiama il tuo maestro o la tua maestra?

....

OGGI GIANNI FA IL MAESTRO

Ora continua tu.

Giochiamo!

IL GIOCO DEI CARTELLINI

Prendi la penna e scrivi!

Prendi la matita e disegna!

Prendi la gomma e cancella!

Cancella la lavagna!

Prendi il libro e leggi!

Prendi il gesso e scrivi alla lavagna!

Apri la porta!

Metti il libro sul banco!

Metti il libro sotto il banco!

Chiudi la finestra!

*Ogni bambino prende un cartellino e lo legge ad alta voce.
Poi mima l'azione dicendo: « Prendo la penna e scrivo », ecc.*

Sai preparare altri cartellini?

SAI SCRIVERE LE PAROLE AL POSTO GIUSTO?

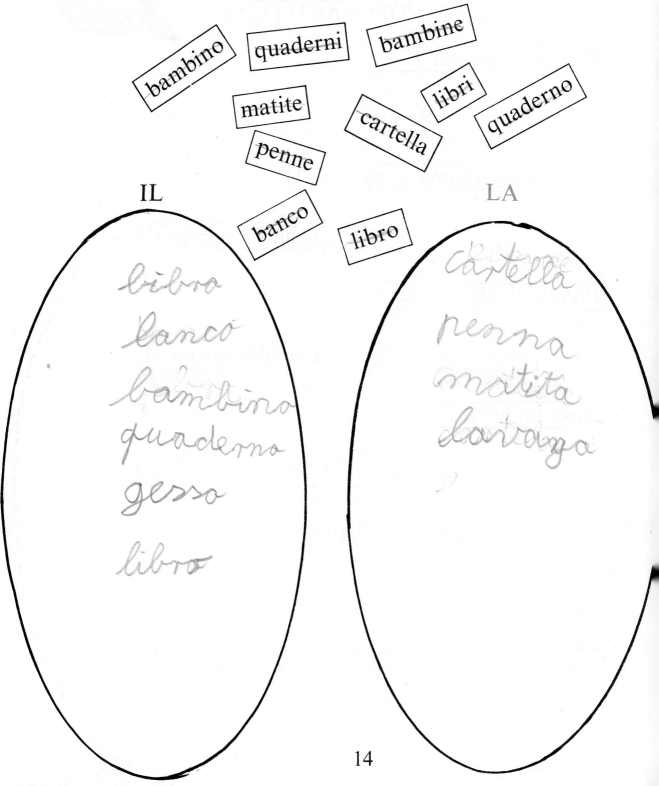

bambino · quaderni · bambine · matite · libri · quaderno · cartella · penne · banco · libro

IL

bibro
banco
bambino
quaderno
gesso
libro

LA

cartella
penna
matita
lavagna

bambina

bambini

cartelle

penna

matita

gesso

lavagna

cartelle

banchi

libro

colori

I

LE

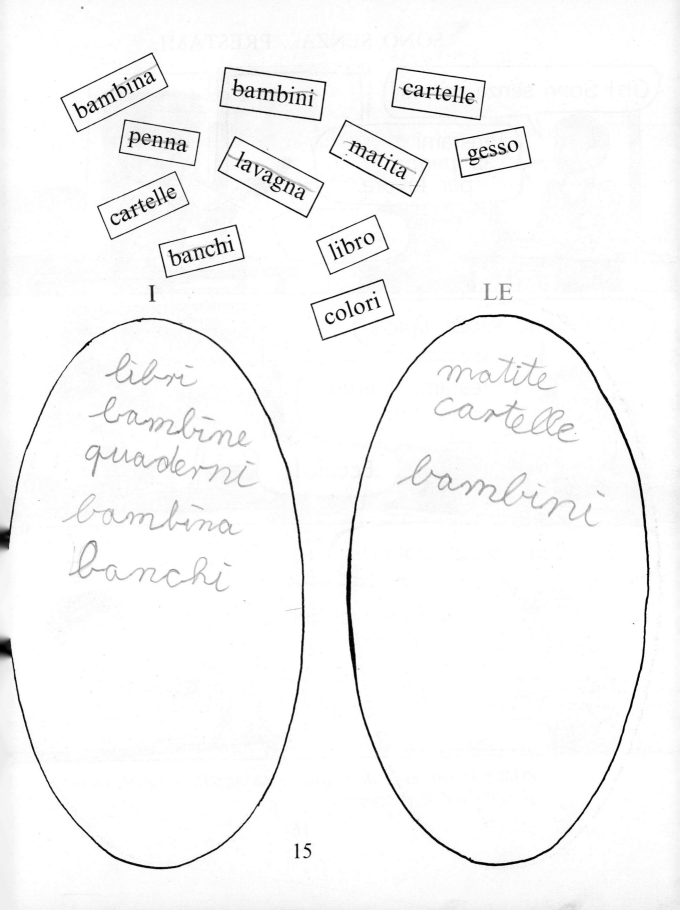

libri
bambine
quaderni
bambina
banchi

matite
cartelle
bambini

Ogni bambino finge di non avere un oggetto e ripete queste scenette con il compagno.

CHE COSA DICONO QUESTI BAMBINI?

Hai una bicicletta?

Sì, ho una bicicletta.

No, non ho una bicicletta.

.... una mela?

....

.... un gatto?

....

.... un cane?

....

.... una palla?

....

CHE COSA HAI NELLA TUA CARTELLA?

Io ho un libro.
Il mio libro è nuovo.
Io ho un libro nuovo.

Io ho una penna.
La mia penna è ....
Io ho ....

Io ho un quaderno.
Il mio quaderno è ....
Io ho ....

Io ho una matita.
La mia.....................................

....

Io ho una gomma.
La mia ....

....

CHE COSA HA?

Lia ha ....

Andrea ....

Marco ....

CHE COSA HANNO?

I bambini ....

Le bambine ....

Ivo e Rosa ....

Giochiamo!

Osserva e racconta!

HA... HANNO...

NON HA... NON HANNO...

21

CHE COSA HANNO?

Osserva e racconta!

Lucia	Mario	Giorgio
Tina	Daniela	Eva
Martino	Ugo	Rita

Ora rispondi!

Lucia ha un libro rosso.

Mario ha una matita ....

Giorgio ha una cartella ....

Tina ha un pallone ....

Daniela ha un gatto ....

Eva ha una bicicletta ....

Martino ha un uccellino ....

Ugo ha un'automobilina ....

Rita ha una palla ....

DI CHE COLORE È?

Di che colore è il libro di Lucia?
Il libro di Lucia è rosso.
Di che colore è la bicicletta di Eva?

....

Di che colore è la palla di Rita?

....

23

Di che colore è l'automobilina di Ugo?

....

Di che colore è la cartella di Giorgio?

....

DI CHI È?

Di chi è l'uccellino giallo?
L'uccellino giallo è di Martino.
Di chi è il pallone viola?

....

Di chi è la matita verde?

....

Di chi è il gatto nero?

....

Di chi è la bicicletta azzurra?

....

Cantiamo!

HO VISTO UN PAESE...

Ho visto un paese bianco, bianco, bianco,
con tante case bianche, bianche, bianche,
in cima a un monte bianco, bianco, bianco,
e su e giù per la strada bianca, bianca, bianca,
ci corre un bambino bianco, bianco, bianco,
con un aquilone rosso rosso rosso.

Gianni Rodari

È TUA?

Prova a fare un dialogo come questo con i tuoi compagni.

I COMPAGNI DI MICHELE

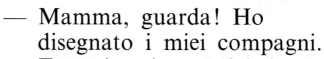

— Mamma, guarda! Ho
disegnato i miei compagni.
— Fammi vedere, Michele.

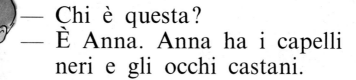

— Chi è questa?
— È Anna. Anna ha i capelli
neri e gli occhi castani.

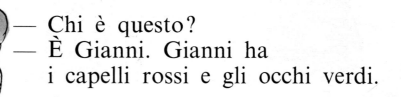

— Chi è questo?
— È Gianni. Gianni ha
i capelli rossi e gli occhi verdi.

— E questa chi è?
— È Marta. Marta ha i
capelli biondi e gli occhi
azzurri.

Di che colore sono i tuoi occhi?
Di che colore sono i tuoi capelli?

DOVE VAI?

— Ciao, Marta!

— Ciao, Ivo. Come stai?

— Bene, grazie. Dove
vai, Marta?

— Vado a scuola. E tu?

— Anch'io vado a scuola.
Vieni con me?

— Sì, vengo con te. An-
diamo a scuola in-
sieme.

Prova a fare questa scenetta con i tuoi compagni.

Gioco a catena: Un bambino chiede al compagno: « Come vai a scuola? » o « Come vai a casa? ». Il compagno risponde e, a sua volta, fa la domanda al vicino di banco.

STEFANO VA A SCUOLA

Stefano va a scuola. Stefano va a scuola a piedi. Anche Michele va a scuola. Michele va a scuola in bicicletta.
Anna, invece, va a scuola in macchina.
Bip non va a scuola, ma va a passeggio.

Come va a scuola Stefano?
Come va a scuola Michele?
Come va a scuola Anna?
Chi non va a scuola?

BIP VA A PASSEGGIO

Bip va a passeggio.
Per la strada incontra
un cane.
— Dove vai? — domanda
il cane.

— Vado a passeggio — risponde Bip.
— Allora vengo anch'io.
Per la strada incontrano un
gatto.
— Dove andate? — domanda il gatto.

— Andiamo a passeggio —
rispondono Bip e il cane.
— Allora vengo anch'io.
Per la strada incontrano una
formica.
— Dove andate? — domanda la formica.

— Andiamo a passeggio.
— Vengo anch'io... ma sono
piccola!
— Ti porto io! — dice Bip.

CHE COSA FAI?

Io disegno un pagliaccio.

Io leggo il giornale.

Luca

Io scrivo il compito.

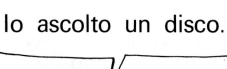

Anna

Io guardo la televisione.

Io ascolto un disco.

Io ascolto la radio.

Andrea

CHI?

Chi disegna? Luca disegna.

Chi legge? ....

Chi scrive? ....

Chi guarda la televisione? ....

....

Chi ascolta un disco? ....

....

Chi ascolta la radio? ....

....

CHE COSA?

Che cosa disegna Luca? ....

....

Che cosa legge il babbo? ....

....

Che cosa scrive Lidia? ....

....

Che cosa guarda la mamma? ....

....

Che cosa ascolta Andrea? ....

....

Che cosa ascolta il nonno? ....

....

SAI METTERE IN ORDINE?

il gatto

il topo

prende

Il ....

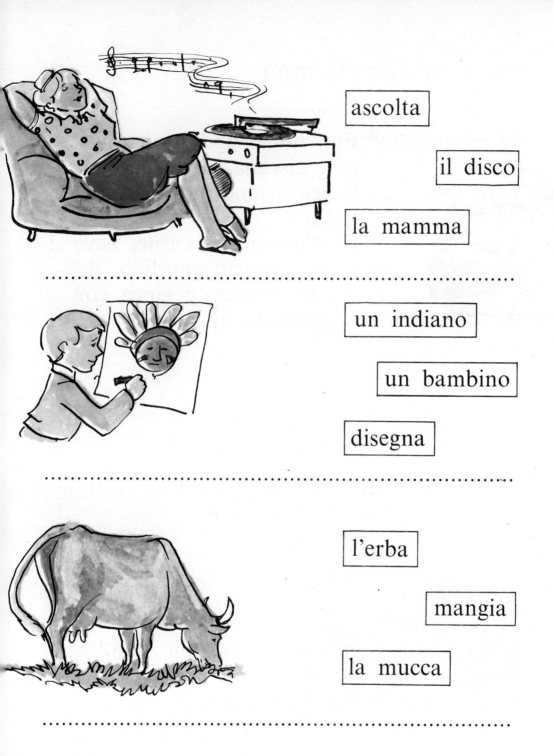

ascolta

il disco

la mamma

un indiano

un bambino

disegna

l'erba

mangia

la mucca

Prepara altri cartellini come questi e continua il gioco con i tuoi compagni.

FUFI

Fufi non legge, non scrive,
non disegna, non guarda
la televisione, non ascolta la
radio.
Fufi mangia la carne, beve il
latte, corre in giardino, dorme nel cestino e gioca con
il gomitolo di lana.

Rispondi!

Legge Fufi? Guarda la televisione Fufi?
Ascolta la radio?
Mangia Fufi? Che cosa mangia?
Che cosa beve?
Dove corre?
Dove dorme?
Con che cosa gioca Fufi?

PINOCCHIO

Geppetto fa un burattino di legno.
Il burattino si chiama Pinocchio.

 fa i primi passi, vede la  e

scappa. Corre per la  e gioca.

Ma poi ha tanta fame e torna

a  .

Va in cucina e vede un . Accende

il e mette sul una  .

 rompe l' , ma... nell'

c'è un . Il scappa e

 non mangia!

CHE COSA FANNO?

Osserva e racconta!

Anna Lia

Marco Ivo Gino

Elena Maria

Gianni Ugo

Lucia Eva

Antonio Luca

Scrivi alla lavagna le frasi e copiale nel quaderno.

Cerca e rispondi!

Anna disegna.
Anna e Lia disegnano.

Marco ....
Marco, Ivo e Gino ....

Elena ....
Elena e Maria ....

Gianni ....
Gianni e Ugo ....

Lucia ....
Lucia e Eva ....

Antonio ....
Antonio e Luca ....

I BAMBINI GIOCANO

Oggi non c'è scuola. I bambini giocano. Carlo gioca con Roberto. Carlo e Roberto giocano con le automobiline.
Monica gioca con la bambola. Monica gioca da sola.

Gioca Carlo?
Con chi gioca Carlo?
Con che cosa giocano Carlo e Roberto?
Con chi gioca Monica?
Con che cosa gioca Monica?

IN CASA

È domenica. Tutti sono
in casa. Andrea dice:
— Papà, giochiamo con
   il trenino?
— Sì, giochiamo —
   risponde il babbo.
Andrea prende il
treno. Com'è bello!
— Daniela, giochi
   anche tu?
   chiede Andrea.
— No, io gioco con il lego —
   risponde Daniela.

Che giorno è?

....

Dove sono Andrea, Daniela e il babbo?

....

Con chi gioca Andrea?

....

Con che cosa gioca Daniela?

....

GIOCHIAMO?

Dov'è Lucio? Dov'è Paolo?
Dov'è Anna? Dov'è Dino?
Dov'è Elena? Dov'è Bip?

45

DOV'È?

Un bambino esce. I compagni nascondono la sua penna sull'armadio.
Il bambino entra in classe e chiede:

Il bambino: — È sotto il banco la mia penna?

I compagni: — No!

Il bambino: — È nella mia cartella?

I compagni: — No!

Il bambino: — È nel cestino?

I compagni: — No!

Il bambino: — È nell'armadio?

I compagni: — No!

Il bambino: — È sull'armadio?

I compagni: — Sì, è sull'armadio.

Continua questo gioco con i tuoi compagni.

BIP CERCA IL CAPPELLO

Bip cerca il   nell'   , nel   , nella   , sotto il   , sul   . Poi cerca nel   e sull'   .

— Bip, che cosa cerchi? — chiede un bambino.

— Cerco il mio !

— Il tuo  è sulla tua   , Bip!

— Oh! come sono stupido!

GLI OCCHIALI DELLA NONNA

— Dove sono i miei
occhiali, Anna?
— Non lo so, nonna.

— Sono sul tavolo?
— No, non ci sono.

— Sono nel cassetto?
— No, non ci sono.

— Sono sotto il giornale?
— No, non ci sono.

— Nonna, i tuoi
occhiali sono
sul tuo naso!
— Oh, sì! È vero.
Eccoli qui.

Sai fare una scenetta come questa con i tuoi
compagni?

Osserva! Che cosa vedi?

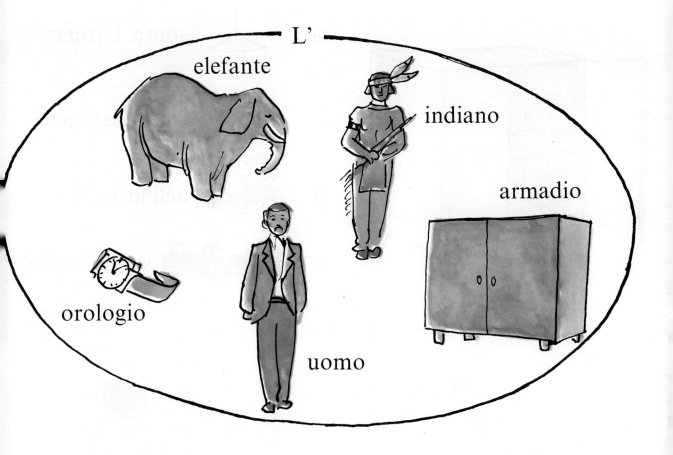

Gioco dei cartellini.

I bambini cercano altre parole che incominciano per vocale, le illustrano su cartellini e scrivono il nome evidenziando in colore sia « l' » che la vocale iniziale.
I bambini si scambiano i cartellini, formano le frasi e le scrivono alla lavagna o nel quaderno.

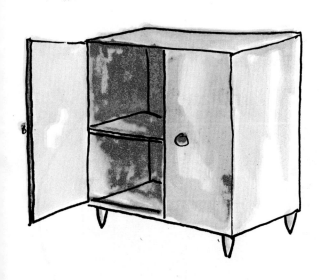

Disegna!

la sopra l'armadio

la sotto l'armadio

la nell'armadio

il  sull'armadio

Osserva e rispondi!

Il sole è ....

L'indiano è ....

L'uccellino è ....

GIANNI E LE MELE

Gianni va in un  e vede

un . Sull' ci sono tante

 rosse e profumate.

Gianni pensa: « Come sono buone le  ! ».

Sale sull'  e prende una

rossa e profumata.

Ma il  si spezza e Gianni

cade sull' .

Povero Gianni! I suoi
sono rotti!

Gianni pensa: « Sono proprio un  ! ».

LA STANZA DI LAURA

— Laura, dove sei?
— Sono qui, mamma!
Che cosa vuoi?
— Vieni con me.

Laura mette in ordine.

Che cosa ha fatto Laura? Racconta e poi scrivi!

Laura ha messo i libri .... tavolo, la penna

e la matita .... astuccio, i quaderni ....

cartella, le bambole .... letto, le pantofole

.... il letto, l'orsacchiotto e la palla ....

cestino dei giocattoli.

E tu dove abiti?

AL TELEFONO

Pronto! Ciao, Carla. Sono Ivo.

Ciao, Ivo.

Carla, domani vado in campagna dal mio amico Paolo. Vieni con me?

Oh, sì! Volentieri. Che cosa c'è in campagna?

Ci sono tanti animali.

Oh! che bello!

Ivo e Carla vanno in campagna in autobus.
L'autobus corre in mezzo ai campi e ai prati.

Com'è bella la campagna!

Quanti fiori ci sono nei prati.

IN CAMPAGNA

In campagna c'è la fattoria. Nella fattoria c'è
il contadino. Vicino alla fattoria c'è la stalla.
Nella stalla ci sono i maiali. Nel cortile della
fattoria ci sono le galline, i pulcini e le oche.
Nel prato, invece, ci sono le mucche, i cavalli,
le pecore.

Che cosa c'è in campagna?

Osserva l'illustrazione e racconta!

Cantiamo!

NELLA VECCHIA FATTORIA...

Nella vecchia fattoria
dove c'è lo zio Tobia
ia, ia, oo.
C'è la capra
bee-bee
Nella vecchia fattoria
ia - ia - oo
C'è la mucca muu - muu
c'è il cavallo iih - iih -
c'è il pulcino pio - pio
c'è il somaro i - a i - a
c'è il maiale 'ngru - 'ngru

CHE COSA C'È IN CITTÀ?

Paolo, Ivo e Carla sono seduti sull'erba del prato.

Come sono belli i prati!

Paolo: — Non ci sono i prati in città?

Ivo: — No, non ci sono. In città ci sono tante, tante case.

Paolo: — Dove giocano i bambini?

Carla: — Giocano in giardino o al parco.

Paolo: — Che cosa c'è in città?

Ivo: — Ci sono grandi negozi.

Paolo: — E poi?

Carla: — Ci sono tante automobili e autobus.

Ivo: — Vicino alla città ci sono le fabbriche.

Paolo: — Ci sono animali in città?

Carla: — Ci sono solo cani e gatti.

Paolo: — Non ci sono uccellini?

Ivo: — Sì ci sono, ma nelle gabbie.

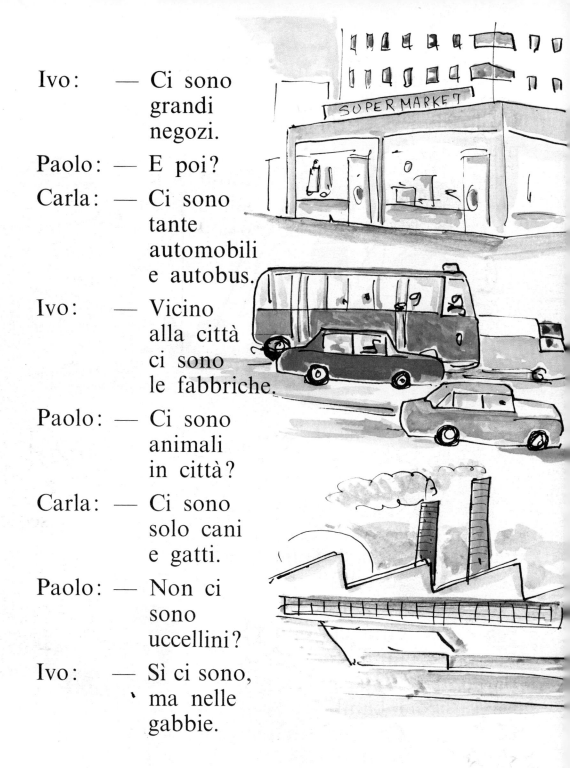

I bambini leggono il dialogo impersonando il ruolo di Paolo, Carla e Ivo.

QUANTE STELLE?

C'è una strada con tante stelle. Dove va?
Conta e vedrai...

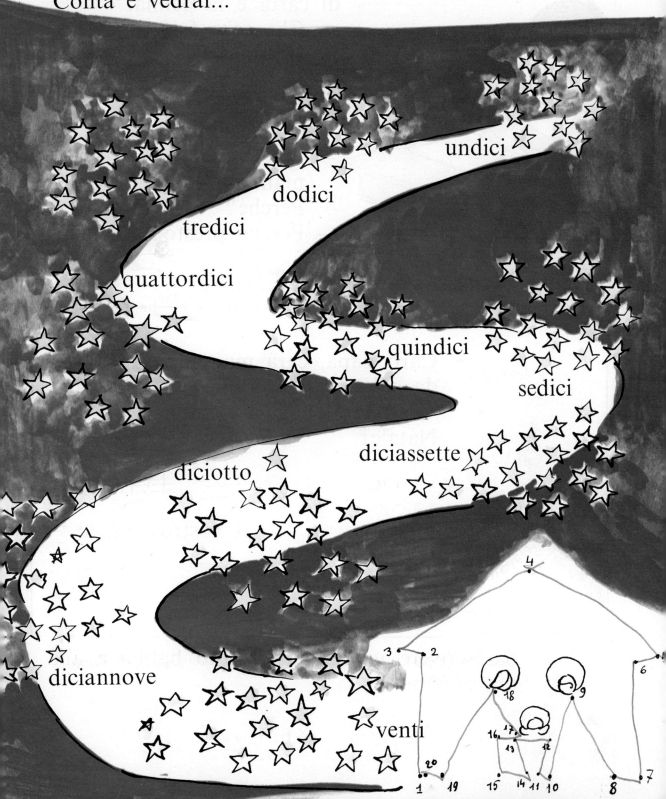

undici

dodici

tredici

quattordici

quindici

sedici

diciassette

diciotto

diciannove

venti

UNA LETTERA

Franco prende un foglio
di carta e la penna.
— Che cosa fai? — chiede
la sorellina.
— Scrivo una lettera
in italiano.
— A chi scrivi?
— Scrivo al babbo e alla
mamma.
— Perché?
— Perché presto è Natale

Che cosa ha scritto Franco?

Caro papà, cara mammina, scrivo
da solo questa lettera.
Tanti tanti auguri e buon
Natale!

Il vostro Franco

Sai scrivere una lettera al tuo babbo e alla
tua mamma?

Cantiamo!

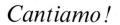

O ALBERO, O ALBERO

*O albero, o albero
eternamente verde:
la neve cade giù dal ciel,
ma tu resisti anche al gel.
O albero, o albero
o albero eternamente verde.*

IL CALENDARIO NUOVO

Sul calendario ci sono dodici mesi.
Come si chiamano?

Gennaio	Febbraio	Marzo	Aprile
Maggio	Giugno	Luglio	Agosto
Settembre	Ottobre	Novembre	Dicembre

In dicembre c'è la festa di Natale.

Che cosa c'è in gennaio?

Che cosa c'è in febbraio?

Che cosa c'è negli altri mesi?

Disegna sulla pagina accanto e racconta.

IO CONTO

20 venti - 21 ventuno - 22 ventidue - 23 ventitre - 24 ventiquattro - 25 venticinque - 26 ventisei - 27 ventisette - 28 ventotto - 29 ventinove - 30 trenta -

Conta da 1 a 30.

In quale mese sei nato?

Sono nato in ....

LA DATA

Che giorno è oggi?

Oggi è mercoledì 16 gennaio.

Che giorno era ieri?

Ieri era martedì 15 gennaio.

Che giorno è domani?

Domani è giovedì 17 gennaio.

Che giorno è oggi?
Che giorno era ieri?
Che giorno è domani?

IL COMPLEANNO

— Ciao, Gianni!

— Ciao, Angela! Ciao,

Aldo! Entrate, ho una

bella sorpresa.

— Sì, è il mio compleanno.

— Tanti auguri, Gianni!

— Buon compleanno!

Quanti anni hai?

— Ho sette anni.

— Oh! Ecco la mamma con la torta. Grazie, mamma!

— Tanti auguri, Gianni! Ora ti cantiamo una canzone.

Cantiamo!

TANTI AUGURI

Tan-ti augu-ri a te tan-ti augu-ri a te

Tan-ti augu-ri a te tan-ti augu-ri a te

FRATELLI E SORELLE

— Hai fratelli?
— Sì, ho una sorella e un fratello.
— Quanti anni ha tuo fratello?
— Mio fratello ha undici anni.
— Quanti anni ha tua sorella?
— Mia sorella ha nove anni.

— Hai sorelle?
— No, non ho sorelle, ma ho un fratellino.
— Quanti anni ha?
— Ha un anno.

— Hai fratelli?
— No, non ho fratelli, ma ho due sorelle.
— Quanti anni hanno?
— Una ha dieci anni, l'altra ha tredici anni.

DISEGNA LA TUA FAMIGLIA

Come si chiama il tuo papà?

....

Come si chiama la tua mamma?

....

Quanti fratelli hai?

....

Come si chiamano?

....

Quante sorelle hai?

....

Come si chiamano?

....

Sai fare queste domande al tuo compagno?

IL FRATELLINO

Il fratellino di Gianni tira sempre la coda al gatto.

Gianni dice al fratellino:
— Lascialo andare, povero gatto!

Chi tira la coda al gatto?
Che cosa dice il gatto?
Che cosa dice il fratellino?
Che cosa dice Gianni?

e

Il nonno e la nonna

è

Il nonno è vecchio.

Il babbo e la mamma

Il babbo è giovane.

Il fratello e la sorella

Il fratellino è allegro.

SAI METTERE IN ORDINE?

è   rossa   e

La mela

buona.

verde

alto

e   L'albero

è

è   Il cane

piccolo

e   grasso.

CHE ORE SONO?

 Sono le 7.   Mi alzo.

 Sono le 8.   Vado a scuola.

 Sono le 12.   Mangio.

 Sono le 4.   Gioco.

 Sono le 9.   Vado a letto.

LA MATTINA

COSA FAI LA MATTINA?

Racconta!

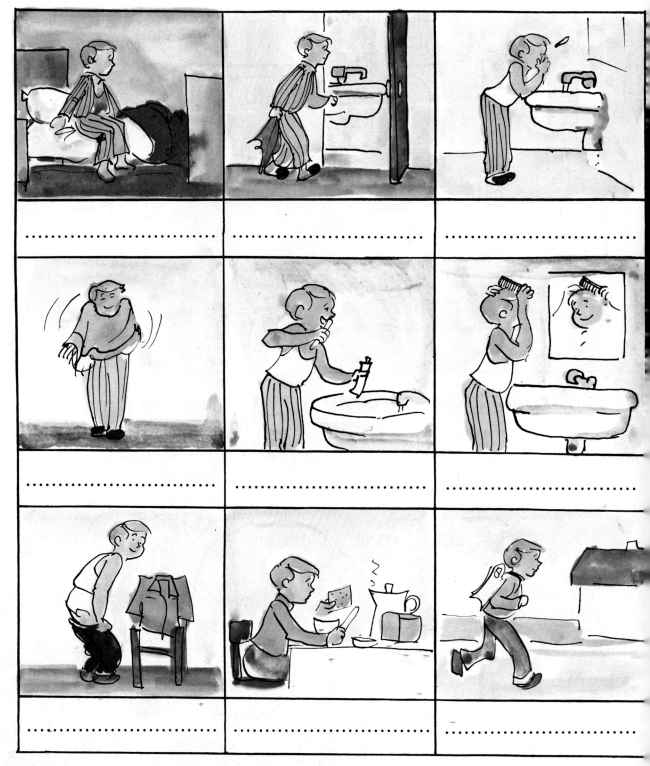

SAI METTERE IN ORDINE?

vado a scuola

mi alzo

mi asciugo

mi lavo i denti

mi pettino

mi vesto

mi lavo

faccio colazione

vado in bagno

Gioco dei mimi: I bambini a turno mimano le azioni che compiono la mattina, enunciandole ad alta voce.

ORSETTO GIALLO

Sono le 9. Luca dorme. Anche Orsetto giallo dorme nel letto di Luca.

77

Viene la mamma di Luca
e dice:
— Come sei sporco, Orsetto!
Fuori dal letto.

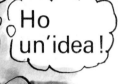

Orsetto giallo è triste
e solo.
Pensa...

Orsetto giallo va in
bagno. Prende il sapone
e si lava il musetto,
gli occhi e gli orecchi.

Poi si asciuga con
l'asciugamano.

Si lava i denti con il dentifricio e lo spazzolino.

Com'è pulito, Orsetto giallo!
Com'è contento, Orsetto giallo!

Zitto, zitto, Orsetto
giallo torna nel
letto di Luca
e dorme contento.

Copri con un foglio le parole e, guardando le illustrazioni, prova a raccontare che cosa fa Orsetto giallo.

Gioco dei mimi: Un bambino mima le azioni che compie al mattino. I compagni le descrivono ad alta voce. Es.: « Gianni si lava... ».

GIANNI SI VESTE

Gianni: — Mamma, che
                pantaloni mi metto?

Mamma: — Metti i pantaloni blu.

Gianni: — Posso mettere i pantaloni
                verdi?

Mamma: — No, i pantaloni verdi
                sono corti.

Gianni: — Mamma, che camicia
                mi metto?

Mamma: — Metti la camicia
                gialla.

Gianni: — Dov'è?

Mamma: — È nell'armadio.

Gianni: — Dove sono
                i calzini?

Mamma: — Sono nel
                cassetto.

Prova a rifare questa scenetta
con i compagni.

COSA MI METTO?

Luisa: — Mamma, mi metto
la gonna o i pantaloni?
Mamma: — Metti la gonna.
Luisa: — Posso mettere la gonna rossa?
Mamma: — No, la gonna rossa è sporca.
La gonna azzurra è pulita.

Luisa: — Mamma, posso mettere la
maglia bianca?
Mamma: — No, anche la maglia
bianca è sporca. Metti la
maglia blu.
Luisa: — Dove sono le calze?
Mamma: — Sono nel cassetto.

Prova a rifare questa scenetta
con le tue compagne.

81

BIP HA UN VESTITO NUOVO

Sono le nove. Finalmente anche Bip

 e va in 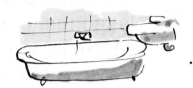 . Si lava

le , il ed anche la punta

del  . Bip si veste.

Bip si mette i  nuovi, una

 nuova, una  una

 nuova e un nuovo.

Com'è elegante, Bip!

Scrivi alla lavagna o nel tuo
quaderno questa pagina mettendo
le parole al posto dei disegni.

Giochiamo!

CHI È?

Un bambino esce. Gli altri scelgono un compagno. Il bambino entra in classe e deve indovinare il compagno scelto.

Bambino: — È un bambino o una bambina?

Compagni: — È una bambina.

Bambino: — Ha i capelli castani?

Compagni: — No, non ha i capelli castani.

Bambino: — Ha i capelli biondi?

Compagni: — Sì, ha i capelli biondi.

Bambino: — Ha i pantaloni o la gonna?

Compagni: — Ha i pantaloni.

Bambino: — Ha i pantaloni rossi?

Compagni: — Sì, ha i pantaloni rossi.

Bambino: — Ha la maglia blu?

Compagni: — Sì, ha la maglia blu.

Bambino: — Ora lo so! È ....!

COME È?

Leggi!

vecchio

nuovo

pulita

sporca

corta

lunga

Scrivi!

....

....

....

....

....

....

COME SONO?

Leggi!

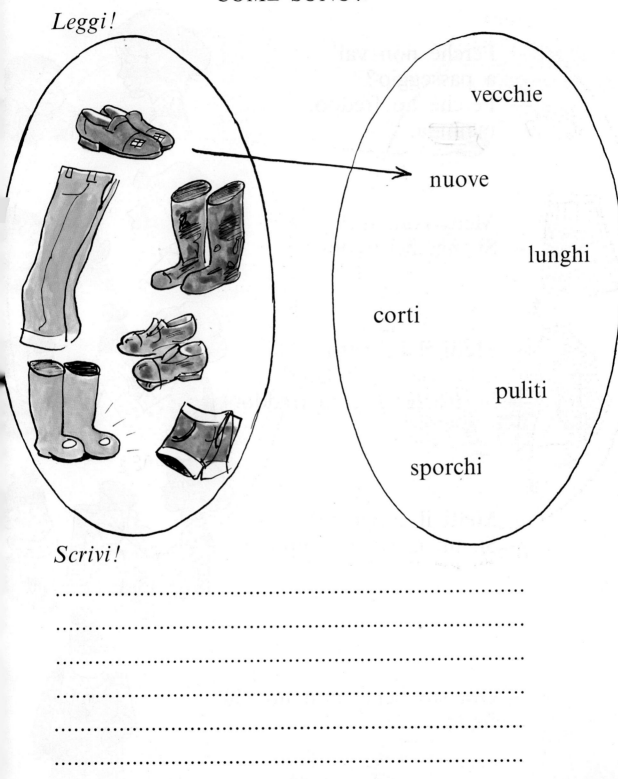

vecchie

nuove

lunghi

corti

puliti

sporchi

Scrivi!

....

....

....

....

....

....

HO FREDDO!

— Perché non vai
a passeggio?
— Perché ho freddo,
mamma.

— Metti i guanti!
— Sì, ma ho freddo!

— Metti il berretto
e la sciarpa di lana!
— Sì, ma ho ancora freddo.

— Metti il cappotto!
— Sì, mi metto il cappotto.

— Ora sto bene, non ho più
freddo.

Giochiamo!

PAROLE CROCIATE

Scrivi nei quadretti i nomi dei vestiti.

Sai formare delle frasi con queste parole?

LA NEVE

La neve vien giù
un fiocco, due fiocchi,
poi sempre di più.
Vien giù lieve lieve
davanti ai tuoi occhi
la candida neve.

Vai a sciare?
Vai a slittare?

CHE COSA FANNO?

Anna e Claudio fanno un uomo di neve.
Paolo e Luisa vanno a slittare. Roberto e
Giulia vanno a sciare. Antonio, Franco e
Nicola giocano con le palle di neve.

Che cosa fanno Anna e Claudio?
Che cosa fanno Antonio, Franco e Nicola?
Che cosa fanno Paolo e Luisa?

MI DAI...?

Gianni: — Mamma, per favore mi dai due
               bottoni   neri?

Mamma: — Due bottoni neri? Certo.

Gianni: — Mamma, per favore mi dai una
               carota?

Mamma: — Una carota? Certo!

Gianni: — Mi dai anche una vecchia
               pipa?

Mamma: — Una vecchia pipa? Sì, eccola!

Gianni: — Mamma, per favore, mi dai anche
               un cappello nero?

Mamma: — Sì, eccolo! Che cosa
               fai con due bottoni, con la ca-
               rota, con la pipa, con il cap-
               pello?

Gianni: — Faccio un uomo di neve, mam-
               ma!

PIOVE!

— Mamma, posso andare a passeggio?
— Oh, no, Michele.
— Perché?
— Perché piove.
— Fa lo stesso. Mi metto gli stivali e prendo l'ombrello.
Mi piace tanto passeggiare sotto la pioggia!

— Dove vai, papà?
— Vado a lavorare.
— Prendi l'ombrello?
— No.
— Perché non prendi l'ombrello?
— Perché non piove più!

91

SOTTO LA PIOGGIA

Il cielo è grigio. Piove. Annalisa e il fratellino vanno a passeggio sotto l'ombrello.
La pioggia cade sulla strada, sulle macchine, sugli alberi, sull'ombrello.
La strada è bagnata, le macchine sono bagnate, gli alberi sono bagnati. Anche l'ombrello è bagnato.

Che tempo fa?
Dove vanno Annalisa e il fratellino?
Dove cade la pioggia? Com'è la strada? Com'è l'ombrello? Come sono gli alberi? Come sono le macchine?

Cantiamo!

QUANDO PIOVE

Quando piove lento lento
e fa freddo e tira vento
nella casa sta il bambino,
nel suo nido l'uccellino,
nella cuccia il cagnolino,
presso il fuoco il mio gattino.
E il ranocchio senza ombrello?
Sotto il fungo sta bel bello.

O. Cicogna

93

È PASQUA

Pasqua è una grande
festa.
Gesù è risorto.
— Buona Pasqua! —
cantano gli
uccellini.
— Buona Pasqua! —
dicono i bambini.
— Buona Pasqua! — dice la mamma e
dipinge tante uova per i bambini.

94

LE UOVA DI PASQUA

— Bambini, cercate le uova! — dice la mamma. — Sono nascoste!

— Dove, mamma? — Non lo so. Cercate!

I bambini cercano.

I bambini cercano in tutta la

ma le non ci sono.

Poi i bambini cercano in

nell' , vicino ai

, sotto l'

— Ho trovato le ! — grida Andrea.

— Anch'io ho trovato le ! — grida Anna.

Tonino grida:
— Io ho trovato le di cioccolata!

È MEZZOGIORNO!

Ivo: — Buon appetito, mamma! Buon appetito, papà!

Luisa: — Che cosa c'è da mangiare?

Mamma: — C'è la minestra.

Luisa: — Oh, bene! La minestra mi piace.

Ivo: — Oh, no! La minestra non mi piace. E poi, che cosa c'è da mangiare?

Mamma: — C'è pollo con insalata e patate.

Luisa: — Mamma, ho sete!

Mamma: — C'è l'acqua in tavola.

Ivo: — ·E tu, papà, cosa bevi? Vino o birra?

Papà: — La birra non mi piace. Bevo vino, grazie.

Mamma: — Anch'io bevo vino.

Cosa dice Ivo? Cosa dice Luisa?
Cosa c'è da mangiare?

Pensa e completa!

Chi mangia?   Che cosa mangia?

| Il babbo | mangia | la minestra. |

| | | |

| | | |

| | | |

Mangia la minestra Ivo?

....

Pensa e completa!

Chi beve?   Che cosa beve?

| Il babbo | beve | vino. |

| | | |

| | | |

Beve vino Ivo?

....

E tu cosa bevi?

....

99

TI PIACE?

Bip, ti piace la minestra?

No, la minestra non mi piace.

Bip, ti piace la pastasciutta?

Sì, mi piace!

Bip, ti piace l'insalata?

No, non mi piace.

Bip, ti piace la frutta?

Sì, mi piace molto.

TI PIACCIONO?

Ti piacciono i maccheroni?

Sì, mi piacciono.

Ti piacciono le uova?

No, le uova non mi piacciono.

Ti piacciono le caramelle?

Oh, sì! Mi piacciono tanto le caramelle!

Gioco a catena: Un bambino chiede al compagno: « Ti piace...? » o « Ti piacciono...? ». Il compagno risponde e, a sua volta, fa la domanda al vicino di banco.

LA MAMMA VA IN NEGOZIO

— Dove vai, mamma?
— Vado al supermercato.
— Posso venire con te?
— Certo!
— Anch'io, mamma, vengo con te.

CHE COSA COMPERA?

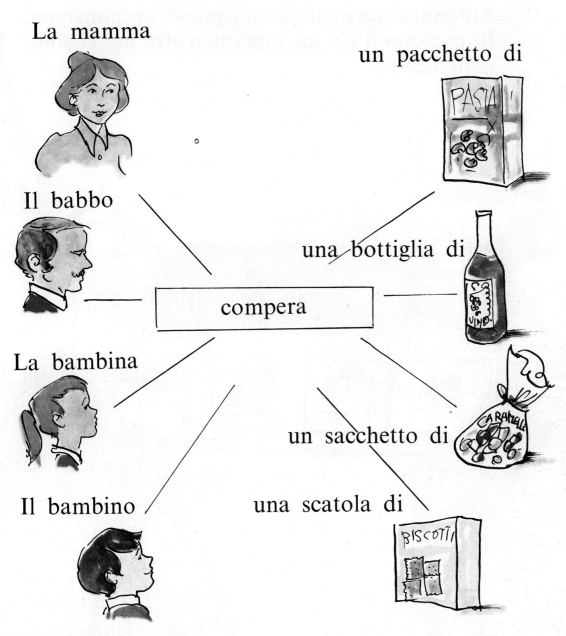

La mamma

un pacchetto di

Il babbo

una bottiglia di

compera

La bambina

un sacchetto di

Il bambino

una scatola di

Ora prova a scambiare le persone e le cose.
Quante frasi puoi fare?

I NEGOZI

Antonio abita in un piccolo paese, in campagna. In paese non c'è un supermercato, ma ci sono tanti negozi.

Dove compera il pane, Antonio?
Antonio compera il pane in latteria.

Dove compera la carne?

....

Dove compera il latte?

....

Dove compera i quaderni?

....

Dove compera le medicine?

....

Dove compera la pasta?

....

E tu dove comperi il latte?
Dove comperi il pane? Dove comperi i quaderni?

GIANNI STA MALE

Luca: — Mamma, Gianni non si alza.
Mamma: — Perché?
Luca: — Perché sta male.
Mamma: — Cos'ha?
Luca: — Ha mal di testa.
Mamma: — Ha anche febbre?
Luca: — Forse sì. Ha tanto caldo.

LA MAMMA TELEFONA AL DOTTORE

La mamma misura la febbre
a Gianni e poi telefona al
dottore.

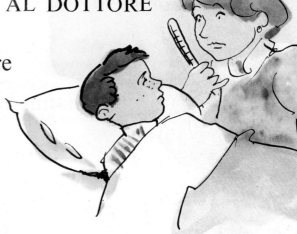

— Pronto! Buon giorno, dottore.
Sono la mamma di Gianni.
— Buon giorno, signora.
— Dottore, Gianni ha mal di
testa.
— Ha anche febbre?
— Sì, ha febbre.
— È a letto Gianni?
— Sì, dottore.
— Va bene, signora. Vengo subito.
— Grazie, dottore. Arrivederci!

Prova a rifare questa telefonata con i tuoi
compagni.

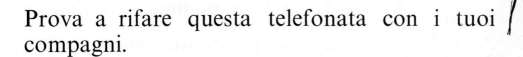

Completa!

Gianni non va a scuola perché

....

Anna è a letto ....

....

Claudio non mangia ....

....

Luciana piange ....

....

Anche Elisabetta piange ....

....

108

QUANDO SONO MALATO...

Quando ho  o o

devo stare a letto.

Non posso  , non posso  ,

non posso

Posso soltanto

Si dice...

Posso uscire?
Posso leggere?
Posso ....?
Posso ....?

LA FESTA DELLA MAMMA

— Mamma, mamma,

c'è una sorpresa!

— Oh! Quanti fiori!

— Questi fiori sono per

te, mammina.

— Per me?

— Sì, oggi è la tua festa.

Tanti auguri, mamma!

PER LA FESTA DELLA MAMMA

Ho pregato un poeta di farmi una poesia
con tanti auguri, per te, mammina mia,
ma il poeta ha risposto che il verso non gli
                                                viene,
così ti dico solo: ti voglio tanto bene.

L. Schwarz

PER FARE UN ALBERO
CI VUOLE UN FIORE

Per fare un tavolo
ci vuole il legno.

Per fare il legno
ci vuole un albero.

Per fare un albero
ci vuole il seme.

Per fare il seme
ci vuole il frutto.

Per fare il frutto
ci vuole un fiore.

Per fare un tavolo
ci vuole un fiore.   G. Rodari

111

AL PARCO

Fa caldo. Il cielo è azzurro. Il sole splende nel cielo. Gli uccellini cantano. Gli scoiattoli saltano sugli alberi.
Al parco ci sono tanti bambini che giocano.
Stefano gioca con la palla. Anche il cagnolino di Stefano gioca con la palla.
Aldo e Fabio giocano con la sabbia.
Lidia e Carla si dondolano sull'altalena.
Roberta, Giulia e Manuela saltano a corda.
Lorenzo, Gianni e Massimo vanno in bicicletta. Ugo e Marianna corrono.
Una bambina mangia una mela. Un bambino gioca, insieme con la sorella, con un trenino rosso.

Che tempo fa? Com'è il cielo?
Che cosa fanno gli uccellini?
Che cosa fanno gli scoiattoli?
Che cosa fanno i bambini?

CHE COSA VEDI?

Osserva e completa!

La bambina	mangia

	mangia	

bionda		

			rossa

Quali parole trovi in tutte le frasi?

OSSERVA E SCRIVI

Al parco un bambino gioca
insieme con la sorella con
un trenino rosso.

Al parco ....

....

....

Un ....

....

....

....

....

Quali parole trovi in tutte le frasi?

CHE COSA FA?

Guarda la pagina 113 e completa.

Aldo gioca con la sabbia.

Lidia .... sull'altalena.

Roberta .... a corda.

Lorenzo .... in bicicletta.

Ugo .... nel parco.

CHE COSA FANNO?

Aldo e Fabio giocano con la sabbia.

Lidia e Carla .... sull'altalena.

Roberta, Giulia e Manuela .... a corda.

Lorenzo, Gianni e Massimo .... in bicicletta.

Ugo e Marianna .... nel parco.

IL CANTO DEL GRILLO

Il grillo in mezzo al prato canta per tutto il dì la sua canzone allegra, che fa sempre così Crì crì crìcrì crì crì! crì crì crì crì crì crì! crì crì crì crì crì crì crì crì crì crì crì!

Il grillo in mezzo al prato

canta per tutto il dì

la sua canzone allegra,

che fa sempre così:

crì crì, crì crì, crì crì,

crì crì, crì crì, crì crì!

118

FA BRUTTO TEMPO!

Il  non è più azzurro: ci sono le grigie. Il non c'è più. Oh! la . Ci sono anche i .

La pioggia cade sui , sull' , sugli . Cade sugli , sugli , sull' . I bambini corrono a

Dove cade la pioggia? Racconta!
Sai scrivere questa pagina nel tuo quaderno mettendo le parole al posto dei disegni?

PERCHE?

Scegli la risposta giusta:

> ha sonno - ha fame - ha freddo - ha sete -
> ha caldo - ha mal di denti - piove - nevica -

I bambini corrono a casa perché ....

Il bambino mette la giacca a vento ....

Bip dorme ....
....

Il babbo prende l'ombrello

....

La mamma mette la maglia ....

La bambina apre la finestra ....

Il gatto beve l'acqua ....

....

Il cane mangia la carne ....

....

Il topo piange ....

....

121

DOVE ANDIAMO?

— Buongiorno papà! Buongiorno mamma!

— Buongiorno, Luisella.

— Papà, che cosa facciamo oggi?

— Andiamo allo zoo?

— Sì, andiamo allo zoo.

ALLO ZOO

Luisella va allo zoo con il babbo e con la mamma. Quanti animali!

Luisella vede l'elefante che si lava, la giraffa che mangia le foglie degli alberi, le scimmie che saltano di qua e di là, il leone che mangia la carne. Poi vede il coccodrillo che dorme, la zebra che mangia l'erba, la foca che gioca con la palla.

LA LEPRE E LA TARTARUGA

Un giorno una lepre incontra una tartaruga.

La lepre e la tartaruga partono insieme.

Ma la lepre si ferma a giocare con gli scoiattoli nel bosco.

Poi gioca con il gatto di un bambino.

La lepre è stanca e pensa:

Il sole tramonta. La lepre si sveglia e...

La lepre corre in paese.

Che cosa vede? Vede la tartaruga sdraiata su
una panca. La tartaruga ride e dice:

Chi fa la gara?
Con chi fa la gara la lepre?
Chi gioca con gli scoiattoli e con il gatto?
Chi dorme sotto un albero?
Chi ha vinto la gara?

IL CONIGLIETTO

In una  ci sono tanti

 . Un giorno un scappa

e corre per i 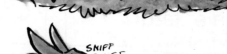 .

Ad un tratto il  sente odore

di  . Si ferma da-

vanti a uno e

guarda. Quante  !

Il coniglietto ha tanta fame.
La sua pancia è vuota. Nello

 c'è un piccolo buco.

Il  entra nell'orto.

Mangia una grossa  .

Poi se ne mangia un'altra e un'altra ancora.

Viene la  e il coniglietto

vuole tornare nella sua  .

Ma il  ha la pancia

gonfia come un .

Mette la testa nel piccolo buco

dello  , ma la sua

pancia non passa più.

Povero coniglietto! Quando

tornerà nella sua  ?

IL GELATO DI BIP